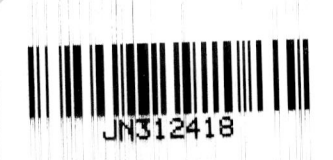

子どもを
抱きしめたくなる

ほんわかふれあいあそび

木村 研

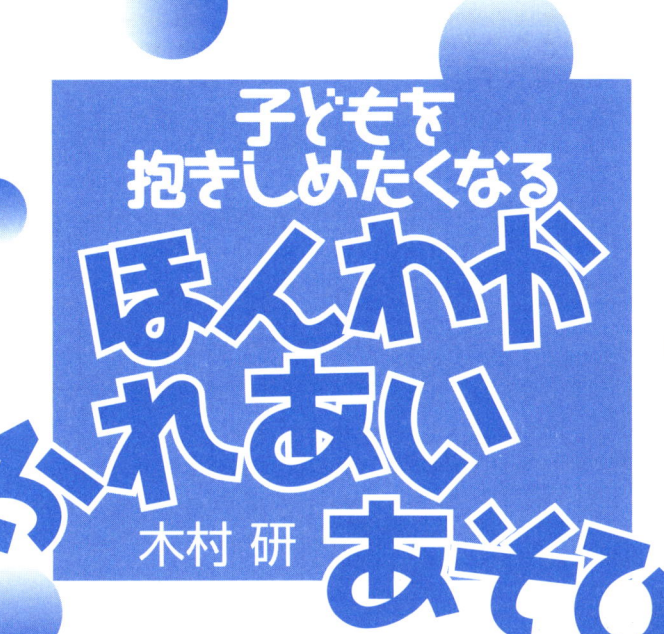

準備いらずで楽しめる
あそびベスト82

年齢別
0～5歳

いかだ社

もくじ

はじめに

ボクは、子どもにとってあそぶことは“生きる力をつけること”だと思っています。私たち大人が普通にこなしている動作（たとえば近くの公園まで歩くとか階段を登り降りするとか）は、幼い子どもにとっては大変な運動です。身長からして大人の何倍も歩かなければいけないし、高い段を登り降りしなくてはいけません。子どもたちは、日々のあそびの中でその動作を身につけ、こなしていきます。

力をつけるとなれば、1度でなく何度も繰り返す方がより確実に身につくでしょう。そんな思いもあって、「もう1回、もう1回」と繰り返しあそびたくなるような“生きる力をつけるためのあそび”を中心に考え始めました。

ボクの娘がまだ幼い頃、『ふんふんなんだかいいにおい』（にしまきかやこ作・こぐま社刊）という絵本を読んであげながら何度も抱っこしたことを思い出します。自分も含め男親は、お母さんのように普通に（自然に）抱っこすることがなかなかできません。照れや恥ずかしさもあって何かしら気持ちにワンクッション入ってしまうのですが、この絵本を読んであげる時は、当たり前のように娘を抱きしめていました。

『ほんわかふれあいあそび』の大きなテーマは子どもとのふれあいです。

子どもとふれあう、抱きしめるあそびから本書は始まります。わざわざ載せるまでもないかと思えるほど、どれも簡単なあそびです。でも、恥ずかしがりのお父さんがボクと同じような気持ちになって欲しくて、紹介したいと思ったのです。子どもが夢中であそんで抱きついてくれれば、大人も夢中で抱っこをするはずです。どうか、子どもを抱きしめたくなった時、この本を開いてみてください。きっとすてきなあそびが始まると思います。

あそびはどれも年齢別に分けてありますが、年齢に関係なく、まず0・1歳からのあそびをお試しください。そして、1つできたから（クリアーしたから）次に行くのではなく、1つのあそびで十分楽しんでください。応用したりルールを考えたりして、満足いくまであそんでから次に行きましょう。取り上げたあそびによっては簡単なルールを書いていますが、あくまで1つの例であり目安程度のものです。目の前の子どもたちの成長に合わせて、どんどん変えていって欲しいのです。

“生きる力をつけるためのあそび”を、子どもとふれあいながら楽しんでいただけたら嬉しく思います。

木村　研

ふれあい
だっこ
なかよくなるあそび

子どもたちは、抱きしめられることでどれだけ安心するでしょう。赤ちゃんは、お母さんにいっぱい抱っこされているから、最初にあそぶあそび「いない、いない、ばー」が楽しいのだと思います。

大きくなるにしたがって子どもたちは、お母さんの背中にかくれ、隣の部屋にかくれ、どんどん距離を離していきます。いくら遠くまで行っても、自分を待っていてくれる人がいると分かっているから安心して出て行けるのです。

絵本『かいじゅうたちのいるしま』は、主人公が何ヵ月もかかって遠くの島まで行ってくるお話です。怒って家を飛び出していったのですが、帰ってみるとちゃんとお母さんのご馳走が待っています。

保育者も子どもたちとこんな関係が築けたらいいですね。それには、たくさん抱きしめてあげることでしょう。この章では、そんなあそびを集めてみました。また、子どもたちはあそぶことで友だちとなかよくできるでしょう。どうか繰り返しあそんでみてください。

0・1歳

顔を見あわせたり、抱きしめたり、とにかく触れあって安心感を与えることが大切です。ゲームをすることで子どもとの信頼関係を築くように意識をしてあそんでください。

2・3歳

子どもたちとの信頼関係が築けると、かくれんぼもより楽しくなります。子どもたちは、かくれても見つからないようにするのではなく、“見つけてほしいかくれんぼ”になるでしょう。

4・5歳

年長児になると、ゲーム性のあるあそびが楽しくなってきます。かくれんぼやおにごっこも、ルールを考えるといいと思います。また、かくれるだけでなく、かくしたものを探すことも楽しめるようになりますが、触れあうあそびから繰り返すといいでしょう。

1 0・1歳から

「いない、いない、ばー」で、あそぼ

「いない、いない、ばー」は、誰もが最初にしてもらったあそびではないでしょうか。目の前に誰がいるかわからないドキドキ感を味わってもらいましょう。

あそび方

①子どもをイスに座らせて、「いない、いない」と保育者が後ろから目かくしをします。
②その間に、子どもたちの誰かが向かいのイスに座ります。
③「向かいにいるのは、だーれだ？」と聞きます。
④目かくしされた子は、向かいの子にさわって確かめて、友だちの名前を言います。
⑤そこで保育者は「ばー」と手を離し、向かいの子どもも「ばー」とやります。
⑥当たっていたら交代です。

アドバイス

●最初は保育者がするようにして、慣れてきたら年長児がしてあげてもいいと思います。
●まだ話せない子なら、「○○ちゃんだよー」と保育者が言ってあげましょう。

2 0・1歳から

あんよはじょうず

保育者が手を添えて、あやつり人形みたいに一緒にお散歩です。
立ち歩きができるようになる頃やってみましょう。

あそび方

①子どもの両手を握り、保育者の足の甲の上に前向きに立たせます。
②ゆっくりよちよち、子どもと一緒に歩きましょう。

アドバイス

●慣れてきたら、または年長児がしてあげる場合は、わざと少し大股で歩いたり足を高く上げたりすると楽しいですね。

3 0・1歳から

お料理トントン

みんなにさわられて、くすぐったくて、おかしくて、
大笑いしちゃうかも。でも、じっとしてないとだめですよ。

あそび方

①「お料理トントンを始めまーす」と言って、今日の“お料理当番（寝ころがる係）”を決めます。お料理当番の子はあおむけになります。

②みんなで今日の料理を考えます。（例：チャーハンをつくろう）

③「まず、材料を切りましょう」。お料理当番の子のおなかをまな板に、みんなの手を包丁に見立て、トントンとたくさん切ります。（注意：強くたたかないでね）

④「フライパンをあたためます」。今度はおなかがコンロ、みんなの手が道具です。火をつけて、お肉や野菜をいためます。たまごをかき回したり、ご飯をほぐすのも忘れずに。最後は、味付けをして両手で混ぜ合わせてできあがり。

⑤おなかの上のごちそうを、みんなで食べましょう。

⑥「ごちそうさま！」で次の人と交代です。

アドバイス

●後かたづけまでやっても楽しいですね。フライパンやお皿をごしごし洗って、きれいにふいておかたづけ。

●お料理は、小さい子でもわかるかんたんメニューから始めてみましょう。

4 0・1歳から

おにごっこキャッチ

保育者の腕の中に飛びこんでくるあそびです。
しっかり受け止めて、
ぎゅっと抱きしめてあげましょう。

あそび方

①おにを 1 人決めたら、他の子はにげます。保育者は部屋の中ほどに立ちます。

②つかまりそうな子は、保育者のところににげてきます。

③保育者が抱き上げて 10 数える間はつかまりません。でも、10 数えたら後ろか横に降ろします。

④つかまった子はおにになって、一緒にみんなをつかまえます。

アドバイス

●おにの数を多くして始めてもよいでしょう。

●抱き上げるかわりに、保育者にしがみつくとか、タッチしていればつかまらないなどのルールにしても OK。保育者の体力に合わせて考えてください。

5 2・3歳から

かくれんぼボックス

新学期に、新しいお友だちの顔や名前をおぼえるのは大切なことです。これならあそんでいるうちにきっとおぼえるでしょう。

あそび方

用意するもの●子どもが中に入れるくらいのダンボール箱（保育者も入れればなおよい）

①ダンボール箱で“かくれんぼボックス”をつくります。

●つくり方……箱の側面に腕を入れる穴をあける。危なくないように、穴のふちにビニールテープなどを貼っておく。箱にはみんなで絵を描いてもよい。

②おに（当てる人）を決めたら、おにが目かくしをしている間に、誰かが箱の中に入ります（保育者が箱を持ち上げてかぶせてもいいし、箱にドアをつけてもよい）。

③「もういいよ」か「だーれだ？」の合図で、おには箱の穴をのぞいたり、暗くて見えない場合は、手を入れてさわって、確かめて誰かを当てます。

④当たったら交代です。

アドバイス

●数人が中に入ってもいいし、おにを複数にしてもよいでしょう。当てることがあそびの目的です。

●なかなか当たらない時は、「握手してみよう」「顔をさわらせてあげてね」「中をのぞいてもいいよ」など、当てやすいように声かけしましょう。

6 2・3歳から

おなかじゃんけん

保育者の服の中でじゃんけん。勝負が見えないから、
手をさわって確かめます。最後はなかよくあ・く・しゅ！

あそび方

用意するもの●大きめのトレーナーなど

①保育者が大きめのトレーナーなどを着ます。腕は通しません。
②子ども２人が、左右の袖からそれぞれ中に手を入れます。
③「おなかじゃんけん、じゃんけん、ポン」のかけ声で、トレーナーの中でじゃんけん。
④「では、確かめましょう」。トレーナーの中で保育者が２人の手を確かめて「○○ちゃんの勝ち」と言います。
⑤勝った子の名前を紹介した後、負けた子も紹介します。勝負がついたところで握手をさせて、次の２人に交代です。

アドバイス

●④の時、トレーナーの中で、子どもたちがお互いの手をさわりあって確かめてもよい。

7 2・3歳から

あいこじゃんけん

「あいこ」がうれしいじゃんけんです。
あいさつがわりに毎朝すれば、みんなと早くなかよしになるね。

あそび方

①「このあいこじゃんけんは、勝ち負けではなく、あいこになるまでやる」という決まりを教えます。まずは保育者が誰かを相手にお手本を示しましょう。

②「あいこじゃんけん、じゃんけん、ポン」で勝負です。どちらかが勝ったら「勝ってもだめよ、じゃんけん、ポン」「負けてもだめよ、じゃんけん、ポン」と続け、「あいこ」になるまでやります。

③あいこになったら、「よかった。私たち気が合ったね」と言って握手です。

④ルールがわかったら、誰でも相手を見つけて「あいこじゃんけん」をしましょう。

アドバイス

●朝、園に来たらすぐにできるあそびです。相手を見つけてやってみましょう。

8 2・3歳から

先生に木登り

あそび方

保育者がただ立っているだけでも、子どもたちは抱きつき、よじ登ってあそびます。
安全に手助けもできますから、いつでもすぐにできますよ。

①保育者が“木”になって立ちます。腕を伸ばして枝を張ってもいいし、まっすぐ立ったままでもかまいません（子どもに合わせて考えるとよい）。
②保育者のかけ声で木登り開始！　子どもは保育者に登っていきます。
③登れない子には、さりげなく“枝”を伸ばすなどして手を貸してあげましょう。
④肩まで登ったら、降ろしてあげるか、自分で降ります（落ちないように手を添えて）。

アドバイス

●正面から登って背中側に降りるなど、ルールを決めてやりましょう。
●１人ずつ順番にするのがいいと思います。体力に自信があれば２人でもかまいませんが、危なくないようご注意を。

9 4・5歳から

にげるおにごっこ

子どものおにに追いかけられて、保育者がにげたりつかまったりします。子どものペースに合わせてできるおにごっこです。

あそび方

①子どもたちがおにになり、保育者は後ろ向きでにげます。
②遅い子は待ってあげたり、つかまりそうになったらスピードを上げるなど、様子を見ながらにげてください。たくさん走らせてからつかまります。つかまるときは、「つかまった」と言って抱きしめてあげましょう。
③つかまえたおにには、ひと休みして待っていてもらいます。
④全員につかまったら終わりです。

アドバイス

●子どもたちの人数があまり多くない時にやるとよいでしょう。
●後ろ向きににげるので、後ろには注意しましょう。

10 4・5歳から

かくれんぼカルタ

人がかくれるのではなく、かくれたカルタを見つけるかくれんぼです。オリジナルのカルタをつくれば、いっそう楽しくあそべますよ。

あそび方

用意するもの●カルタ

①あらかじめ保育者が、カルタを別の部屋のいたるところにかくしておきます。

②保育者がカルタを読み、子どもたちが絵札を探しに行きます。その際、ちがうカードを見つけてもそのままにしておくことを約束事にしましょう。

③全部終わったところで、多くとった人の勝ちとします。

アドバイス

●オリジナルのカルタをつくったり、チーム対抗でやってみましょう。チーム対抗の場合はみんなで探します。文字を読まずに、枚数を集めるだけでもいいですね。

●慣れてきたら、だんだん難しいところにかくしましょう。

11 4・5歳から

後ろの正面

あそび方

目かくしをしたまま、さわって、確かめて、誰かを当てます。
「おしい、おしい」とか、小さい子には
いろいろヒントを出してあげましょう。

用意するもの●目かくし（紙袋やタオルなど）

①おにを１人決めたら、他の子たちは手をつないで大きな輪になります。
②おには目かくしをして、輪のまん中に座ります。
③みんなは「かごめかごめ」を歌いながら回り、「後ろの正面だーれ？」でしゃがみます。
④おには目かくしをしたまま、後ろの人を手探りで見つけ、さわって誰かを当てます。
⑤周りの子は、「おしい、おしい」とか「髪が長いよ」などのヒントを出してあげましょう。
⑥当たったらおにの数を増やしていき、最後の１人になるまで続けます。
⑦今度は、最後の人がおにになって続けましょう。

アドバイス

●おにを増やさず、当たったら次つぎに交代するのもよいでしょう。
●おにが輪の外に出たら、保育者が中にもどしてあげましょう。

なりきり ごっこあそび

子どもたちは大人を実によく見ています。“ままごと”はそれがよくわかる例で、お父さんになったつもり、お母さんになったつもり、先生（保育者）になったつもりであそんでいますね。見ていると、子どもに注意する場面などは大人の口調にそっくりで、きっといつもそう言われているんだな、と思います。お父さんがお酒を飲みすぎて帰ってきた時のお母さん役の子どもなど、思わず苦笑してしまいます。これでは、子どもの前であまりおかしなことはできませんね（反省）。

この章では、子どもたちのそんな“才能”を生かせるように、さまざまな職業などをまねるあそびをとりあげました。子どもたちの知らない職業もあるでしょうから、事前に保育者がお話をしたり、子どもたちと話しあったりしてから始めると、いっそう楽しくなるでしょう。

0・1歳

知識のない幼い子どもたちには、そのあそびの楽しさがわかるように、説明やお話をしながらあそぶようにしてください。ごっこあそびも、抱きしめたり体が触れあうものから始めるといいでしょう。

2・3歳

子どもたちの行動範囲も広がりますから、室内から外に出ていくものを多くしました。お散歩の時から町の様子を見ておくとあそびにも役立ちます。また、おぼえたことをみんなに話したくなる時期でもあるので、お話をする練習も始めてみましょう。

4・5歳

年長児になるとゲーム形式であそべるので、数チームに分かれての競争や勝負が楽しめます。最初に職業のお話をして特徴を確かめてから始めるといいですね。また、座ったまま、ことばだけであそぶこともできますから、バスの中でもできる機会が増えそうです。

1　0・1歳から

バスにようこそ

子どもたちは乗り物が大好きです。
保育者が乗り物になって、子どもたちを乗せて
抱きしめてあげましょう。

あそび方

①保育者が足を投げ出して座り、バスになります。車掌もかねて出発の合図を。「お乗りは、お早く願います」
②子どもが足に乗ったら発車です。他の子は並んで待ちます。
③デコボコ道ではガタガタ揺らし、カーブでは大きく傾きます。小さい子の場合は、向きあってハンドル代わりに手を握りましょう。
④ひと走りして目的地に着いたら交代です。

アドバイス

●保育者が足を曲げて横になり、子どもを乗せて飛行機になったり、子どもをスーパーマンにしてあげましょう。
●大きくカーブしたり、時にはゴロンと倒れるのも楽しい。倒れたら、またやり直して目的地まで行きましょう。

2 0・1歳から

おサルバス、発車します!

あそび方

おサルの子どもはお母さんのおなかにつかまって移動しますね。それをまねて歩きます。先生の馬力も必要かも?

① 「おサルバスが発車しまーす」と言って保育者が四つばいになります。
②お客さんの子どもは、おなかにしがみつくようにぶら下がります。
③バスは四つばいで歩き回ります。車掌をかねてガイドもしましょう。
④子どもが落ちたり足をついたら終点で、「またのお越しをお待ちしています」と言って次のお客さんに交代します。次のお客さんは、バス停で待つか、並んでついていくといいですね。

アドバイス

●小さい子なら、背中に片手を添えてあげるといいでしょう。

3　0・1歳から

ザ・テレビショー

あそび方

いつもテレビで見る人たちになりきって演じてみよう。
歌手・アナウンサー・女優……
今日はなにになってみたい？

用意するもの●大きな箱

①大きな箱でテレビをつくります（子どもが等身大で入れるような画面にするとよい）。
②順番にいろんな番組をやりましょう（歌・漫才・ニュース・おしばいなど）。
③保育者も、テレビを使って読み聞かせをしたり、クイズを出したりしましょう。

アドバイス

●自己紹介や１分間スピーチを、毎日順番にやるのも楽しいですよ。

4 0・1歳から

海底たんけん

部屋の中を海底に見立て、たんけん気分を味わおう。
どんな魚がいるか空想の世界を楽しんでください。

あそび方

用意するもの●紙袋（子どもの頭が入るくらいの大きさ）　カラーセロハン（青）

①紙袋の前面の中央に丸く穴をあけ、裏から青のセロハンを貼って、潜水マスクをつくります。全員分を用意します。

②ろうかで潜水マスクをかぶり、部屋（海底）に入っていきます。宇宙遊泳のように、泳ぐように、スローモーションで歩きながら、海底生物を探しましょう。

③あらかじめ魚などを用意してもかまいませんが、空想の魚や大ダコなどを子どもたちが発見していくのもいいと思います。

アドバイス

●海の中のお話をして、イメージをふくらませてからあそぶとより楽しくなります。

●外に出てもいいですね。また、海底の絵を描いて飾るのも楽しいでしょう。

●マスクは小さなダンボール箱でも代用できます。

5 2・3歳から

園内観光バスツアー

園内のいろんなところを、子どもたちの目線で楽しく案内してもらいましょう。

あそび方

用意するもの●ロープ

①ロープなどを輪にしてバスをつくり、「園内の観光バスツアーに行こう」と声をかけます。
②参加者の中から運転手とバスガイドを決めます。他の子たちと保育者はお客さんです。
③どこに行くかは運転手任せ。バスガイドは、見えるものを自由に説明します。慣れてくると、新しい発見や楽しいガイドがふえてくるでしょう。運転手も、狭いところや園長室、畑の中など、いろんな場所を見せてくれると思います。

アドバイス

●バス遠足や毎日の園バスでガイドをやってもらってもいいですね。「右を向いてください。ネコがいますよ」など、自由にやってもらうとバスの中が楽しくなります。
●慣れてくれば自然とやりたがる子が出てきます。また、順番に毎日やるのもいいでしょう。

6 2・3歳から

家を建てて町をつくろう

子どもたちが大工さんになって、家を建てます。
駅やお店なども建てて町をつくりましょう。

あそび方

用意するもの●大きめのダンボールや空き箱…たくさん

①大きめのダンボール箱を 1 人に 1 個用意します。
②入口をあけたり絵をかいたりして、好きな家を建てます。箱のふた（屋根）はとってもいいし、飾らずに箱のまま家としても OK です。
③お店や交番なども建てるとさらに町らしくなりますね。
④穴をあけたり切ったりする作業は保育者がしてあげましょう。

アドバイス

●家ができたら表札もつけてみましょう。写真も撮ってあげるといいですね。家の周りに花壇などをつくっても楽しくなります。

7 2・3歳から

忍者の修行

あそび方

子どもは忍者にあこがれます。忍者の説明や忍者になるための修行の話でイメージを広げてからあそぶと、いっそう楽しくなるでしょう。

用意するもの●紙テープ

①「忍者の修行のひとつ、早く走るための修行だよ」と話してから始めましょう。
②腰に長い紙テープをつけて、それが床につかないように走ります。
③床につかずに走れるようになったら、紙テープを長くしてあげましょう。

アドバイス

●寒くて部屋にとじこもりがちな日でも、これなら外を元気いっぱいに走りますよ。
●テープの長さは最初に決めてもいいし、年齢や身長など子どもに合わせて調整してもよい。

8 2・3歳から

おすもうさんの土俵入り

あそび方

モコモコ姿のかわいいおすもうさん。
よろよろヨロヨロおっとっと。
うまくできたらごっちゃんです！

用意するもの●新聞紙　スウェットのズボン

①全員で、新聞紙を丸めてボールをたくさんつくっておきます。
②おすもうさんになる３人を決め、保育者のぶかぶかのスウェットをはきます。
③スウェットの中に、ボールをたくさん入れます（ボールが少ない時は、３人でなく１人でよい）。魅力的なガニ股になったらよしとして、足を上げて“しこ”をふんでみましょう。
④上手にできたら交代です。

アドバイス

●記念に写真を撮っておくと楽しい思い出に。
●土俵をかいて、すもうをとったり土俵入りの姿をまねてみましょう。

足を高く上げて〜
どすこ〜い!!
ころんだら手伝って起こしてあげよう。
もっと もっと
あちっ
まだ入れよう

9 4・5歳から

魚屋さんのあるなしゲーム

ちょっとした物知りにもなれるリズムあそびです。
魚屋さんになったつもりで
威勢よく声を出しましょう。

あそび方

①ポンポンとリズミカルに手をたたく練習をしてから始めましょう。

②まずはルール説明。魚屋さんにあるものなら「あるある」と言いながらポンポンと手をたたきます。（たとえば保育者が「アジ」と言ったら、子どもたちは「あるある」と手をたたきます）

③「サザエ」「イカ」と店にあるものを続け、時どき「イス」など店にないものを言います。

④誰も手をたたかなければ（全員がセーフなら）、「イスがあるのは部屋の中よね」と続けて進みます。だんだんペースを早くしていきます。

⑤もし「キリン」などで「あるある」と言ったり手をたたいたりしたら、まちがえた人として立ってもらうかゲームから外れます。

⑥最後まで残った人が勝ちです。

アドバイス

● “八百屋さんにあるもの”“食べるもの”などに変えて楽しめます。“食べるもの”だったら、まちがえたらジェスチャーで食べてもらうなど、いろいろ工夫しましょう。

10 4・5歳から

コックさんオムレツリレー

あそび方

チーム対抗で“料理”を運ぶリレーです。
フライパンの上でひっくり返す料理の話をしてから始めましょう。

用意するもの●本（または薄い箱）…各チーム１冊

①チームに分かれて、たて１列に並びます。
②先頭の子が片手に本をのせてスタート。「オムレツをひっくり返します」と言って、次の人が出した片手に、本をひっくり返すように置きます。
③これを繰り返して、一番後ろの人に早く送ったチームが勝ちです。
④途中で落としたら、始めからやり直すか、その場で拾って続けるか、保育者の判断で臨機応変にやりましょう。

アドバイス

●本を２冊にしたり、乗せるもの（料理）を替えてやってみましょう。
●後ろの人が手にのせたまま保育者に届けてゴールとしてもよい。

11 4・5歳から

おそばやさんの出前競争

あそび方

昔見たおそばやさんの出前。
高く積んで上手に運ぶ姿にビックリしたものです。
それをあそびに取り入れてみました。

用意するもの●ティッシュの空き箱…たくさん

①ティッシュの箱をざるそばのセイロに見立て、スタートラインとゴールの間にたくさん置きます。紙などを貼ってきれいな箱にしてもよい。
②チームに分かれ、各チームの先頭がスタートラインから合図で走ります。
③持てるだけの箱を片手に積み上げ、崩さずにゴールまで運んで、イスやテーブルの上に積み上げます。崩れたら積み直しです。また、途中で崩れたら、その場で積み直してゲームを続けましょう。
④全員が走り終わったら、積み上げた箱の数で順位を決めます。

アドバイス

●積み上げる箱の列は、1列でもいいし、2列3列になってもOKとします。
●運ぶ箱の数を3枚とか5枚と決め、リレーのバトンにして競争してもいいですね。
●園庭なら、三輪車に乗って運ぶと出前らしく楽しいでしょう。

かけっこ
ジャンプ
ゆっくり動くあそび

“うさぎとび”は、子どものひざに負担がかかるということで最近は禁止になっていますが、昔は平気でやっていました。素人考えですが、日ごろから野山を駆け回っていたからでしょうか、基礎体力がついていたから平気でできたのではないでしょうか。

体力をつけようと運動を始めても、意志が強くないとなかなか長続きしません。でも、野球の試合をやっていると、知らず知らずのうちに体中が痛くなるほど運動をしていたことに驚かされます。子どもたちも同じです。大人も子どもも、楽しくあそんでいる最中は夢中になっていますから、その間にいろんな力が身についています。

この章に掲載したものの多くはどれも体力を使いますから、体力のある子がいつも勝つかもしれません。そこで、誰もが勝てるように、静かにしながら夢中になれるものも用意しました。保育者のアイデアしだいで子どもたちはいくらでも夢中になってあそびます。頑張ってください。

0・1歳

「やったー」と言いたくなるあそびをそろえました。小さい子どもたちに、ぜひ“達成感”を味わわせてあげましょう。そうすればきっと何度もやりたくなるはずです。その繰り返しが力になります。

2・3歳

おにごっこも、勝ち負けより、楽しく・なかよくできるように工夫しました。まず、足の遅い子が助かる方法から考えました。楽しければ何度でもやりたくなるはずです。少しずつ少しずつゲームに参加していくことで体力もつくかな、と思っています。

4・5歳

年長児は競争も本気でします。それでも工夫しだいでみんなが同じような満足感がもてます。ルールも自分たちで改良したりしながらつくっていくといいですね。また、昔のあそびを教えて、保育者と一緒にあそんでみるのもいいでしょう。

1 0・1歳から

ゴールでバリッ！

スカッとするあそびです。
古新聞がたくさんあるときにやってみましょう。

あそび方

用意するもの●新聞紙

①保育者２人が、広げた新聞紙の両側を持って立ちます。
②子どもに「いいよ」の合図を送ります。
③子どもは、大きな声をあげながら走ってきて新聞紙を破ります。ゴールテープを切るように走り抜けてもいいし、立ち止まって戦いを挑むように破ってもかまいません。
④順番に何回もやってみましょう。
⑤スッキリしたところで、最後は散らばった新聞拾いのあそびをしてお片づけ。

アドバイス

●ハードルのように、間隔をおいて何枚も新聞を破ってゴールするのも楽しい。
●たくさんあそんだら、保育者が闘牛士のように新聞を持ち、指で角をつくった子どもたちをかわして、破らせないようにして「闘牛ごっこ」をしてみましょう。

2 0・1歳から

そっとそっとのボーリング

ボールを転がして、読む絵本を決めましょう。

あそび方

用意するもの●大きめのボール　絵本

①スタートラインから離れた位置に絵本を数冊立てます。距離は年齢に応じて変えてください。
②順番にボールを転がして、絵本を倒します。
③倒した本は倒した人が持っています。全員（やり方によっては１人だけとする）が終わったら、倒した絵本を順番に読んであげましょう。

アドバイス

●読み聞かせは、もちろん倒した人を抱っこしながら。あるいは、ひざの上でおはなしを聞けることをあそびの特典としてもいいでしょう。

3 2・3歳から

止まりおに

止まっていればつかまらないおにごっこ。
小さい子は怖いけど、じっとしていれば
おにはよそへ行ってしまうから大丈夫♪

あそび方

①ルールをよく説明して、最初は保育者がおにになりましょう。
②おにが目をつぶって 10 数える間にみんなはにげます。
③「いないか、いないか」と言いながら、おにはにげる子を探して追いかけます。
④つかまりそうになったら動きを止めます。すると、おには子どもの姿が見えなくなり、「どこだ、どこだ。どこに行ったー」と探しながらよそへ行ってしまいます。
⑤つかまった子は一緒におにになります。
⑥慣れてくると、あるいは年長児になると、だんだん追いかけてほしくなって「こっちだよ」とおにを誘うようになります。
⑦おにが降参するか、全員つかまえるまで続けましょう。

アドバイス

- 慣れてきたら、見えなくなった時にはキョロキョロしながら怖いおにになりましょう。

4 2・3歳から

そっとそっとの輪くぐり

部屋の中で、静かに静かに、
緊張してあそべるあそびです。

あそび方

用意するもの●新聞紙

①広げた新聞紙の真ん中に、子どもがくぐり抜けられるほどの穴をあけて、最初は保育者２人が両端を持って立ちます。

②子どもたちは１列に並び、保育者の合図で新聞紙を破らないように穴をくぐります。

③破れたら新しい新聞紙と交換して続けます。保育者もまざってやるといいですね。体の大きい保育者は不利ですが、それが子どもたちの自信になるでしょう。

④慣れてきたら、持つ人を交代してやりましょう。

アドバイス

●年長児なら、くぐる時に前転をしてもいいですね。

●川渡りをしてみよう。新聞紙を足の形に交互に切り抜き、広げて床から少し浮かせて持ちます。足を穴に入れて引き抜きながら、川を渡るようにそっと歩きましょう。

5 2・3歳から

にげる豆まき

福

にげるおにに紙のボールをぶつけると、ペッタンとくっついて、こぶだらけのおにになります。

あそび方

用意するもの●新聞紙　ビニール袋　ゴミ用ポリ袋　ガムテープ

①ボール（豆）と、おにが着るチョッキをつくります。
②ボールを持った子どもたちが、１～２ｍほど間をあけて左右に分かれて立ちます。
③保育者の合図で、チョッキを着たおに（保育者）がみんなの間の道を通ります。みんなは「おにはー、外」と言ってボールをおにに投げます。
④うまく当たると、チョッキにペッタンとくっつきます。
⑤通り抜けた後に、ボール（この時は“こぶ”と表現してもよい）が何個くっついているかで勝負を競います。
⑥おにを交代して何度もやってみよう。

アドバイス

●チョッキを工夫したり、腕や足などにもくっつくところをたくさんつくってみよう。

ボール（豆）　１人２個が目安

セロハンテープで
形を整える
小さく丸めた
新聞紙
ビニール袋
あまり硬くしないように

おにのチョッキ
頭と腕を通す穴をあける

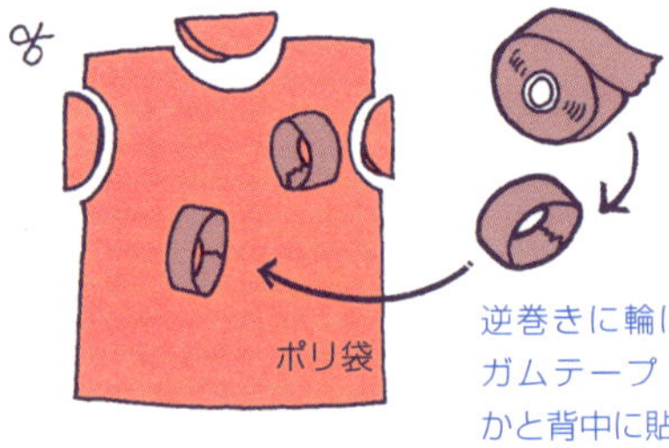
ポリ袋
逆巻きに輪にした
ガムテープ（おなかと背中に貼る）

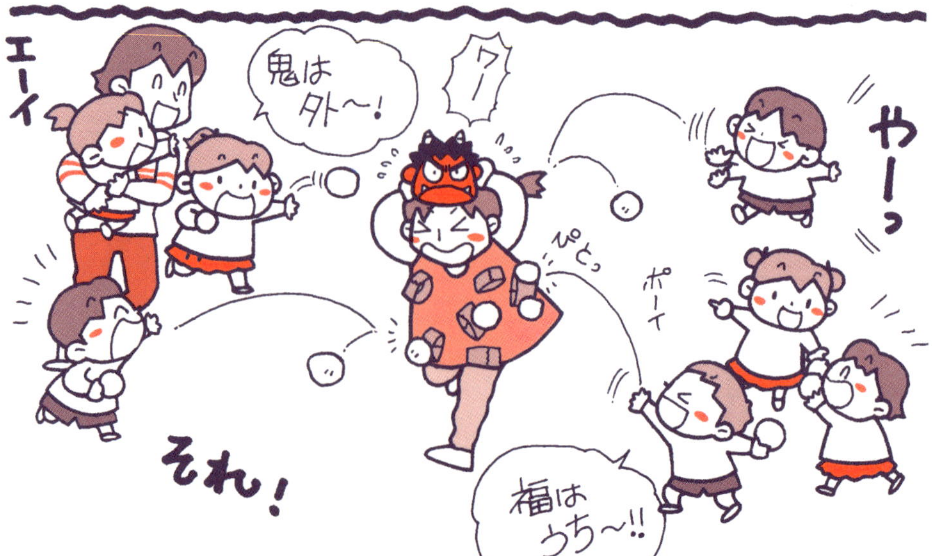
エーイ
鬼は外～!
ワー
やーっ
ぴとっ
ポーイ
それ!
福はうち～!!

6 2・3歳から

なりきり動物運動会

動物の走りをまねっこして競走しましょう。
どの動物のクジを引くのかも“運”の1つですね。

あそび方

用意するもの●画用紙

①走り方に特徴のある3種類の動物を選び、その走り方を確認します。

②あらかじめ3種類の動物のカードをつくっておきます。
例：人間＝2本足で走る。ウサギやカエル＝ぴょんぴょん飛びはねながら走る。カメ＝四足で歩く。

③走る距離を決め、折り返し地点（または途中）に動物のカードを置きます。

④保育者の合図でいっせいに走ってカードを拾い、カードの指示どおりに（その動物の走り方で）走って帰ってきます。

⑤早く帰った人の勝ちです。

アドバイス

●年長児なら、チーム対抗のリレーをしましょう。

●カードの種類を多くしてみましょう。
例：ツバメやトンビ＝手を広げて走る。ヘビ＝体をくねらせて。アリ＝足の幅だけ進む　など

7 4・5歳から

けんけんおに

けんけんができると、いろいろなあそびができます。
追いかけるおにも、にげる子も、みんなけんけん。
けんけんが上手になるおにごっこです。

あそび方

①おにを１人決めたら、合図でみんなはけんけんでにげます。おには10数えてから、けんけんでつかまえに行きます。
②疲れたら両足で立って休んでもかまいません。ただし、この時は動けません。
③おににつかまった人は、その場に腰を下ろして待ちましょう。
④全員がつかまったら、おにを交代します。

アドバイス

●全員をつかまえるのが大変なら、つかまった人もおにになるようにするとよい。または、最初からおにを複数にしてもいいでしょう。

8 4・5歳から

かかしおにごっこ

うまくバランスを取れるように、
かかしになる練習をしてからあそびましょう。

あそび方

①「1本足のかかしになれば、おににつかまらない」ルールを説明してから始めましょう。
②おにを1人決めたら、合図とともに大きな声で10数えてから、みんなを追いかけます。
③にげる子たちは、つかまりそうになったら、1本足のかかしになればつかまりません。
④ただし、おにがかかしの回りを5周したら、かかしでいられません。スキを見てにげましょう。
⑤タッチされたらおにを交代します。

アドバイス

●年齢に応じて、「5歩下がる」とか「短い歌を歌う」など、いろいろ決めてやってみましょう。

9 4・5歳から

目かくしおに

輪になってあそびましょう。
つかまえて、誰かを当てるおにごっこです。

あそび方

用意するもの●目かくし（紙袋やタオルなど）

①みんなで手をつないで大きな輪になります。
②おに１人と保育者が輪の中に入ります。
③おには目かくしをして、保育者はおにの後ろに立ちます。
④『かごめかごめ』を歌いながら、大きな輪が回ります。
⑤止まったら、保育者がおにの背中をトンと押します。
⑥おには手探りで前に進み、輪に触れたら、さわって、それが誰かを当てます。
⑦当たったらおにを交代し、はずれたらもう一度やりましょう。

アドバイス

●友だちの名前や顔を覚えるのにいいですね。おにの人数を増やしてもいいですよ。

10 4・5歳から

しっぽ取り

最後まで残った人、いちばん多く取った人、部門別に2人のチャンピオンが生まれます。

あそび方

用意するもの●紙テープ（スズランテープやハンカチでもよい）

①紙テープのしっぽを1本、腰の後ろにつけます（ズボンやベルトに挟めばよい）。

②園庭に出て大きく広がり、保育者の合図でしっぽ取り開始です。

③しっぽを取られたら、決めた場所にもどって待ちましょう。

④最後に残った人が勝ちとなります。

⑤しかし、ここでもう1つ、多くとった人の勝負もしましょう。途中で取られてしまった子が最も多く取っているかもしれません。こうすれば2度チャンピオンを決められますね。

アドバイス

●チームに分かれてやってみましょう。4、5人が縦1列につながり、いちばん後ろの人がしっぽをつけて、同じようにしっぽ取りをしましょう。

●しっぽの数を増やしても楽しい。

11 4・5歳から

けんけんぱ

石けりを子どもたちに教えて、一緒にあそびましょう。

あそび方

用意するもの●ひも　お手玉

①年齢を考えて、子どもが飛び越せる大きさの円を、ひもでつくります。

②図のように、円を７個並べます（円１つ・円２つの繰り返し）。

③あそび方は石けりと同じです。石の代わりにお手玉を使い、順番にやりましょう。

★１つめの輪の中にお手玉を投げ入れる。

★お手玉を入れた輪を飛び越えて「けんぱ、けんぱ」と進み（円１つは片足、２つは両足で）、最後まで行ったら向きを変えてもどってくる。

★お手玉を拾ってスタート位置までもどる。

★今度はお手玉を２つめの輪に投げ、同じように「けんぱ、けんぱ」と飛んでスタートまでもどってくる。

④これを繰り返します。７個全部できたら上がりで、勝ちとなります。

⑤アウトになるのは、お手玉が輪の中に入らない時、輪にかかった時、片足のところで両足をついた時、手をついた時です。アウトになったら次の人と交代しましょう。

アドバイス

●伝承あそびです。ルールをよく説明してあげてください。見本を見せながら保育者も一緒に楽しみましょう。

力くらべ
腕くらべ
がんばりあそび

　相撲や綱引きなどの力くらべは、体の大きい子や力のある子が勝つに決まっています。力くらべや腕くらべのような“勝負”は本来楽しいものなのですが、いつも一方的な結果ばかりではみんなのあそびになりません。そこで、この章では“幼児や女の子でも楽しめるがんばりあそび”を紹介したいと思います。
　１人ひとりの力は弱くても、力を合わせると大きな力になります。また、力の差があっても対等にできる勝負もあります。これらのあそびは、勝っても負けても、きっともう一度あそびたくなるでしょう。
「もう１回、もう１回」と繰り返しあそぶことが“力”になります。そんな子どもたちの姿がたくさん見られるような保育をしてもらえたら嬉しく思います。

0・1歳

幼児でもできる力くらべ・腕くらべ勝負です。保育者が相手の力を引き出すように一緒にあそんでいただけるといいですね。

2・3歳

1人じゃなければ力くらべも楽しいし、「こんなことできたんだよ」と自慢したくなるあそびです。少しだけお兄ちゃん・お姉ちゃんになった気分を味わえますよ。

4・5歳

体をぶつけあって、男の子も女の子も一緒にあそべます。勝っても負けても楽しく、しかもなかよくなれるんです。たくさんあそんで、楽しい思い出をたくさんつくってください。

1 0・1歳から

何を運ぶかな？

たくさんの荷物を運ぶのは力のある人です。でも、破れやすい新聞紙にのせて運ぶとなれば？小さい子も対等に勝負できる競争です。

あそび方

用意するもの●新聞紙　運ぶ荷物（積み木・おもちゃなど）

①新聞紙を広げて長い方を半分に切ります。これを４チーム分用意します。
②運ぶ荷物を部屋の中央に置き、４チームが四方に分かれて並びます。
③保育者の合図で、各チームの先頭が新聞を持ってスタート。新聞の端に荷物を積んで、反対側の端を引っぱってチームにもどり、荷物を降ろして次の人に交代します。
④中央の荷物がなくなるまで続けて、多く運んだチームの勝ちとします。
⑤荷物を積みすぎて新聞が破れたら、荷物を元の場所にもどしてから、新しい新聞紙を持ってゲームを続けましょう。

アドバイス

●それぞれのチームが運ぶ荷物を分けておいてもいいですね。また、運ぶものをいろいろ考えてみましょう。

2 0・1歳から

大きな荷物

保育者が荷物になって、子どもたちに運んでもらいましょう。

あそび方

①保育者が寝転がって荷物になり、「○○まで運んで」とお願いします。
②子どもたちは、手や足を引っぱって目的地まで運びます。
③重かったり動かなかったりする場合は、友だちを呼んでみんなの力で運びましょう。

アドバイス

●年中・年長児なら、荷物でなくても「先生、動けないから助けて」とお願いをして、持ち上げて運んでもらってもいいですね。

3 0・1歳から

おいも抜き、スポーン！

子どもたちがおいもになって、
先生に引っこ抜いてもらいましょう。

あそび方

①子どもたちがおいもになり、ひざを抱えて保育者の回りにしゃがみます。
②保育者は、おいしそうなおいもを探して、「えいっ」と子どもの体を１個（１人）引き抜きます。引き抜いたおいもは別の場所に運んでおきます。
③順番に引き抜いていき、全員を引き抜いたら、「あっちの畑に行こう」と新しい畑の場所を指示します。
④子どもたちはそこに走っていって、今度は引き抜かれないようにと、腕を組んだりして抵抗します。

アドバイス

- いも掘り遠足の後や、雨で中止になった時に、おいものお話をしてからやるといいですね。
- 引き抜いた子を抱えて、「おいしそうなおいもね、ムシャムシャ」と、くすぐりながら食べるまねをしてあげても喜びます。

すっぽ〜ん！
きゃーっっ
おおきな おイモが とれたよ!!
これなら 抜かれ ないぞ〜!!
ぎゅーっっ

4 0・1歳から

すわりずもう

保育者が、子どもと目線を合わせて相手をする押しずもうです。

あそび方

①保育者がしゃがんで子どもと向かいあって、押しあいずもうをします。

②バランスを崩して手をついたり、後ろに転がったり、いい頃あいを見計らって保育者が負けてあげましょう。

③時には組みあったまま、一緒に転がるのもいいですね。

アドバイス

●年長児同士なら、座ったまま、しゃがんだままですもうをとってみましょう。動いた方、転んだ方を負けとします。

5 0・1歳から

からだじゃんけん

じゃんけんは、大人も子どもも対等にできる勝負です。

あそび方

①じゃんけんのルールとポーズを説明します。
②まず保育者が相手になって勝負します。「じゃんけん」でリズムをとって「ポン」で勝負。あいこなら勝負を続けます。
③勝ち抜き戦で、最後まで残った人が優勝です。
④次は２チームに分かれて。最後の人が負けたら、そのチームが負けになります。

グー 丸くなってしゃがむ
チョキ 両手を斜め上に上げる
パー 両手・両足を大きく開く

アドバイス

●あそびのルールは、年齢に応じて考えましょう。
●足だけのポーズでもよい（グー＝足をとじて立つ。チョキ＝片足で立つ。パー＝両足を大きく開く）。また、ヒーローの変身ポーズにしても楽しいでしょう。

6 2・3歳から

つな引きくじ

スタートの合図まで、引っぱりあう相手が
誰だかわからないつな引きです。これも運命の出会い？

あそび方

用意するもの●ダンボール箱　ひも（長いもの１本、半分のもの４本）

①ダンボール箱の両側に、ひもが通るくらいの穴を３か所ずつあけます。
②図のように、ひもを箱に通します。長いひもだけが両側から出ている状態です。
③箱をはさんで３人ずつ分かれて立ち、保育者の「せーの」の合図でひもを引きます。
④つながっていないひもを引いた４人はスッテンコロリン。長いひもを引いた子ども同士がつな引きをします。

アドバイス

●しりもちをついたり転んだりした時にあぶなくないように注意しましょう。

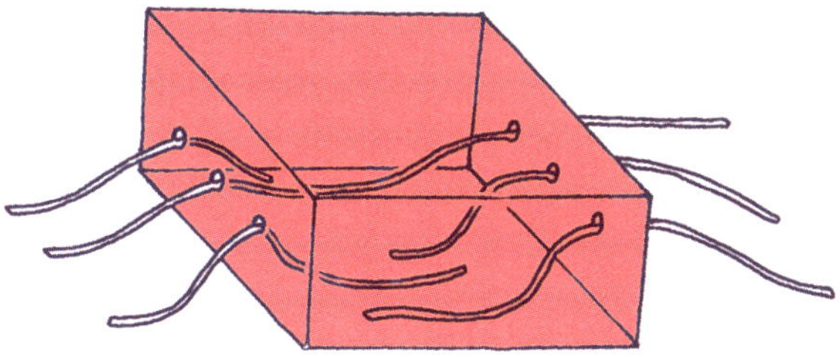

7 2・3歳から

はちまきキャッチ

はちまきを使ってあそびましょう。
キャッチのしかたで得点が変わるあそびです。

あそび方

用意するもの●はちまき（なければタオル）

①保育者がはちまきを投げ上げます。その時、体のどこでキャッチするかを指定します。
例：おでこ・右手・背中・左のひざ　など。

②子どもは、落ちてくるはちまきを指示どおりにキャッチします。

③体の場所ごとに点数を決めて、合計で何点とれるか交代で競争してみましょう。落としたら０点です。

④１人であそぶ時は、決めた順番に受け止めて、最後に頭でキャッチしたらよしとします。

アドバイス

●はちまき以外のものでもあそんでみよう。ぼうしを足にのせて高く放り上げ、上手にかぶれるかやってみましょう。

8 4・5歳から

けんけんずもう

バランスをとるのはなかなか難しいものです。
けんけんの練習をしてからあそびましょう。

あそび方

①土俵をかいたら、子ども２人がけんけんで土俵の中央に出ます。
②握手をしてすもうを始めます。
③両足をついたり転んだり、土俵から外に出たら負けです。
④勝ち抜き戦やチーム対抗戦をしましょう。

アドバイス

●難しくするなら、上げた方の足をつかんで、片手でやってみましょう。
●疲れてくれば強い子でもいつか負けます。負けた人は後ろに並んで何度もやりましょう。

9 4・5歳から

おしくらまんじゅうずもう

みんなで「せーの」でやる
押し出しずもうです。

あそび方

①子ども数人が入れるくらいの大きさに土俵をかきます。
②子どもたちが背中合わせに、体をくっつけるようにして土俵に入ります。
③保育者の合図で、背中合わせでおしくらまんじゅうをします。
④土俵から押し出された人はアウトです。土俵の外に出て応援をしましょう。
⑤最後まで残った人の優勝です。

アドバイス

●小さな土俵にして、２人で背中合わせになって押しずもうをやってみましょう。

おーしくら まーんじゅ〜
おーされて 泣ーくな！
ぎゅう
ぎゅう
きゃ
がんばれ♪

みんなで 力を合わせる あそび

少子化の影響で兄弟が少なくなったせいでしょうか。それともゲームなどに夢中になって１人であそぶ子どもが増えたせいでしょうか。幼児期に集団であそんでほしいと思っているのに、それができるところは、今では幼稚園や保育園しかなくなってきた気がします。

集団でのあそびにはわずらわしさが伴います。意見が通らなかったり、トラブルが起こったり。でも、そのわずらわしさがいろんな力をつけてくれるのだと思っています。集団の中で生き抜く力をつけ、あそびの中でルールも身につくでしょう。

この章では、子どもたちにいろんな力をつけてくれる集団あそびをとりあげました。

集団の中では、みんなの力に助けられていることを知るでしょう。また、微力でも自分の力が役に立っていることも実感できるでしょう。チームをつくり結束ができてくれば、仲間意識を持つことができるでしょう。保育者としては、クラスづくりに役立つあそびだと思います。

0・1歳

みんなで一緒にやることの楽しさをわかってもらうためにも、声をそろえること、みんなで力を合わせることの楽しさを、まずおぼえてもらうように努めましょう。

2・3歳

力を合わせるということは、仲間のために勇気をだすこと。それぞれの役割をこなすこと。チーム対抗のリレーなどでもその力を発揮できたらいいですね。

4・5歳

年長児になると、チーム対抗でするあそびもゲーム性の高いものになってきます。また、小道具などを用いることでより難しくすることも可能です。ルールも子どもと一緒に考えるといいでしょう。

1 0・1歳から

カルガモ散歩

幼児が1列になって歩く姿はかわいいものです。ちょうど、カルガモがお母さんの後についておひっこしをするようです。

あそび方

①保育者（お母さんガモ）は中腰になり、先頭の子と向かいあって手をつなぎます。2人め以降の子どもは前の子の肩に手を置いて1列になります。

②「カルガモ散歩、カルガモ散歩」と歌いながら、子どもの手を引いてゆっくり後ろ向きに歩きます。どこに行くかは親まかせ。

③保育者は、どこに行くのか、どうやって終わるのかを考えておきましょう。

④お母さん役を交代してやりましょう。

アドバイス

●疲れる姿勢ですから、待ったり、休みながらやりましょう。

2　0・1歳から

ぐるぐるミイラ

トイレットペーパーを長く長く伸ばすのはワクワクするもの。
それを使ってあそんでみましょう。

あそび方

用意するもの●トイレットペーパー

①保育者がミイラ役になって座ります。
②もう１人の保育者の合図で、みんなでトイレットペーパーをぐるぐる巻きます。
③破れても続けて巻いて、姿が見えなくなるまできれいに巻きましょう。
④終わったらミイラと記念撮影です。みんなで審査した方がいいですね。

アドバイス

●終わったら、今度はきれいに早く、元のようにトイレットペーパーをロールに巻きます。後片づけもあそびにしましょう。競争にすると盛り上がります。
●チーム対抗で"ミイラコンテスト"をしても楽しいですよ。

○
×
おかたづけもちゃんとね

ミイラをつくりまーす
ぐる
ぐる
もっともっと!
はいっ

3 0・1歳から

落ち葉の長さくらべ

落ち葉ひろいをゲームにしましょう。
拾った数の勝負ではなく、長さの勝負です。

あそび方

用意するもの●落ち葉…たくさん

①あらかじめ園庭や公園などで落ち葉をたくさん集めておきます。
②４、５人くらいのチームに分けます。
③園庭（風がある場合は体育館）で、チームごとに落ち葉を長くつなげて並べていきます。必ず葉っぱの一部がくっつくように並べましょう。
④時間を決めて並べ終わったら、長さを測って順位をつけましょう。長いチームの勝ちです。

アドバイス

●枚数の競争もおもしろい。または「赤い落ち葉を並べよう」とか、状況に合わせてルールを決めても楽しいです。
●外あそびやお散歩の時に、準備も兼ねてみんなで落ち葉拾いあそびをしてもいいですね。

4 0・1歳から

カン積み競争

倒れると大きな音がするからハラハラドキドキ。
でも、大きな音がするのもまた楽しかったりします。

あそび方

用意するもの●空きカン（いろいろな形や大きさがあってよい）…たくさん

①カンの飲み口部分に布ガムテープを貼り、危なくないようにしてからあそびましょう。
②１個ずつカンを積み上げていきます。年長児であれば、届かなくなったらイスなどに乗ってさらに高く積むのもいいでしょう。
③倒れたら最初から積み直しです。
④時間を決めて、いちばん高く積んだ子の勝ちとします。

アドバイス

●リレー形式のチーム対抗戦で競争してもおもしろい。
●どちらが高く積むかの競争もよい。こちらは、肩車やイスなどに乗って積み上げます。

5 0・1歳から

ボールのトンネルくぐり

なわとびの「通り抜け」のイメージです。
なわの代わりにボールを使ってやってみましょう。

あそび方

用意するもの●大きめのボール

①保育者２人が左右に分かれて、ボールを山なりにバウンドさせてパスをします。

②子どもたちは順番に、ボールがはずんだ後にボールの下を通り抜けます。

③通り抜けたら保育者の後ろを回ってまた列の後ろにつきます。または、全員が通り抜けてから、今度はもどってきてもいいでしょう。

④２回めからはだんだんボールを早くしていきます。

⑤ボールに当たった人はアウトになって外れます。どんどん外れて最後まで残った人が勝ちです。

アドバイス

●ボールが当たらないように、バウンドを大きくするとか投げるタイミングをずらして通してあげましょう。怖がる子は、保育者が手をつないで一緒に通ってもいいでしょう。

6 2・3歳から

ボタンつなぎ

大切な生活習慣が上手にできるように、
あそびながらボタンをつなぐ練習をしましょう。

あそび方

用意するもの●ボタン　布（はちまき半分くらいの大きさ）

①図のように、布にボタンとボタン穴をつけたものをたくさん用意しておきます。
②１人が１枚ずつ持って、保育者の合図で布を長く長くつなぎましょう。

アドバイス

●年齢によってルールを考えてみましょう。
★長くつなぐ
★四角を何個つくるか
★２人ずつ長くする競争をする
★つないだものを早く外す競争
など

7 2・3歳から

じゃんけんとおりゃんせ

おに（関所）にじゃんけんで勝たないと
先に進めないリレーです。

あそび方

① 7、8人のチームをいくつかつくり、各チームから1人ずつおにを決めます。
②おにはスタートラインから5～10m離れたところに立ちます。
③合図で先頭の人が走って行き、自分のチームのおにとじゃんけんをします。
④勝ったら、もどって次の走者にタッチして列の後ろにつきます。負けたら、勝つまで何度でもじゃんけんをします。
⑤全員が早く終わったチームの勝ちです。

アドバイス

●小さい子の場合は、最初は保育者がおにになりましょう。チーム対抗でなく、1列に並んだ子どもたち全員とじゃんけんします。

8 2・3歳から

新聞配達リレー

新聞配達のお話をして、新聞紙を足にはさんで歩く練習をしてからあそびましょう。

あそび方

用意するもの●新聞紙　イス

①５、６人のチームに分けます。
②スタート地点から４～５m先に、チームの数だけイスを置きます。
③各チームの先頭の人が、折りたたんだ新聞を足（ももの間）にはさみます。
④スタートの合図で、歩いて（はねてもOK）イスを回ってもどり、次の人に新聞を渡します。落としたら、またはさんでそこから歩きます。
⑤最後の走者が早くゴールしたチームが勝ちです。

アドバイス

- 年少児なら、何かをはさんだまま、"あひるさん"のようによちよち歩いてお散歩に行きましょう。
- はねると落としやすくなりますが、うまくできれば大逆転も可能かもしれませんね。
- ボールなどを足にはさんでリレーしても楽しいですよ。

9　4・5歳から

遠くにおでかけ カルガモ散歩

望遠鏡を反対に見ると、すぐ近くのものまで遠くに見えます。
それに似た感じでカルガモ散歩をしてみましょう。

あそび方

用意するもの●メガホン（なければ画用紙を丸めてつくる）…2個

①３人ずつ２チームに分かれ、しゃがんで縦１列に並びます。
②先頭の子がメガホンを持ち、口の大きい方をお面のように顔につけます。
③どこに行ってもどってくるか、保育者が指示します。
例：イスを置いてそこを回ってくる　など
④保育者の合図で、カルガモ歩きで目的地を回って早くもどった方の勝ちとします。
⑤小さな穴からのぞく景色は距離がつかめず、思うように進めません。そこがこのあそびの楽しいところです。

アドバイス

- ●距離感がわからないので、広いところや危なくない場所でやりましょう。
- ●みんながメガホンを顔につけてやってもいいでしょう。

10 4・5歳から

つながり電車

子どもたちは電車ごっこが大好き。
“マイ電車”をつくって、長く長くつながってあそびましょう。

あそび方

用意するもの●ダンボール箱　ひも

①ダンボール箱などで電車をつくります。絵や模様できれいに仕上げましょう。肩かけ用のひもをつけてできあがり。

②ひとしきり駆け回ってあそんだら、保育者が「長い電車をつくります。連結じゃんけん始め」と合図を出します。

③子どもたちは自由に電車を走らせて、出会った（ぶつかった）電車とじゃんけんをします。

④負けた方が後ろについて連結します（つながるだけでもいいし、前の電車につかまってもよい）。連結したら、また相手を探して走り回ります。

⑤全員がつながったら園をひと回りして、また最初からやりましょう。

アドバイス

●先頭車は気持ちのいいものです。保育者がインタビューなどしてあげるといいですね。

11 4・5歳から

トンネルリレー

あそび方

足をくぐってトンネルリレー。ゆっくり進むわりにけっこう体力がいるので寒い日にぴったり。運動会でやっても楽しいでしょう。

① 1 チーム 4、5 人で数チームに分かれ、足を開いて縦 1 列に並びます。
② 「トンネルくぐり、始め」の合図で、いちばん後ろの子が前の子たちの足の下をくぐり、先頭に出ます。
③次つぎに後ろから足の下をくぐっていき、トンネルが前に進みます。
④これを繰り返してゴールをめざします。早くゴールしたチームの勝ちです。

アドバイス

●逆向きでやったり、園庭を 1 周するのもいいでしょう。ルールをいろいろ考えて楽しんでください。

始め!!
よし来い!
進んだぞ~
いくよー
パ
早く早く!
くすぐったい~!!
せまいよ~っっ

つくってあそぶ

ボクの紹介する“おもちゃ”は子どもがあそぶための道具です。“あそぶ”ことは“いろんな力をつける”ことです。言い換えれば、ボクの“おもちゃ”は“いろんな力をつけるための道具”ということになります。

力がつくとなれば、1個つくるよりは2個、2個より3個、3個より4個と、多くつくった方が確実に身につきます。あそびも同様で、1回あそぶよりは2回、2回より3回…と、多くあそんだ方がこちらも確実に力になります。このように考えると“つくってあそぶおもちゃ”は、一石二鳥になりますね。

ここで紹介するあそびは、繰り返しあそんでほしいものです。最初は保育者があらかじめおもちゃをつくっておくのがいいと思います。そうすればすぐにあそべます。子どもたちは何度かあそぶうちに、きっと自分でもつくりたくなるはずです。そして、そのおもちゃで友だちとあそび、いろんなあそびを考えて、おもちゃの工夫もするようになっていくでしょう。

0・1歳

幼児には、かんたんにできて繰り返しあそべるおもちゃがぴったりです。一緒につくって一緒にあそびましょう。また、保護者の方にもつくり方を教えて、家庭でのあそびをお勧めしてみては？

2・3歳

自分でつくるところから始めましょう。かといってつくること自体を目的にせず、まずは色をつけたり、絵をかくところから始めるようにします。おもちゃの楽しさがよりいっそうわかります。

4・5歳

見えないものを想像できるようになる年齢です。つくることもあそぶことも、先を想像しながらやりましょう。また、あそび方に合わせた発展形のおもちゃづくりにもトライしてみてください。

1　0・1歳から

くるくるたこコプター

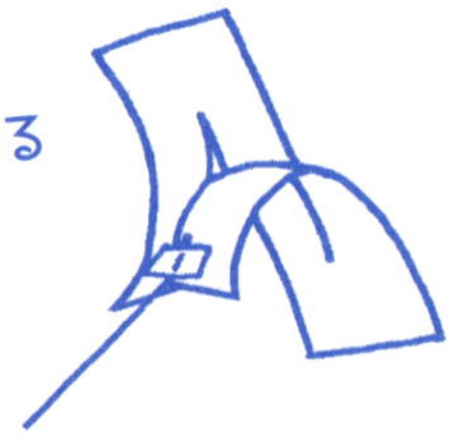

子どもは風の子。寒い冬の日だって、外へ出たくなるような楽しいおもちゃなら、たくさんあそびたくなりますね。

あそび方

用意するもの●古ハガキ　タコ糸

①図のように、古ハガキに切りこみを入れます。
②ＡとＢを少し重ねて貼り合わせ、貼り合わせた部分に 50cm ほどのタコ糸をつけます。
③小さい子なら糸を持っているだけでよい。風があればよく回ります。
④紙に絵をかいたり、模様をつけると、回った時にきれいです。

アドバイス

●年中・年長児なら
★糸を持って走ると、くるくるよく回るよ。
★同じものを２、３個つくり、真下に糸が１本になるように貼ると、連だこのようになります。

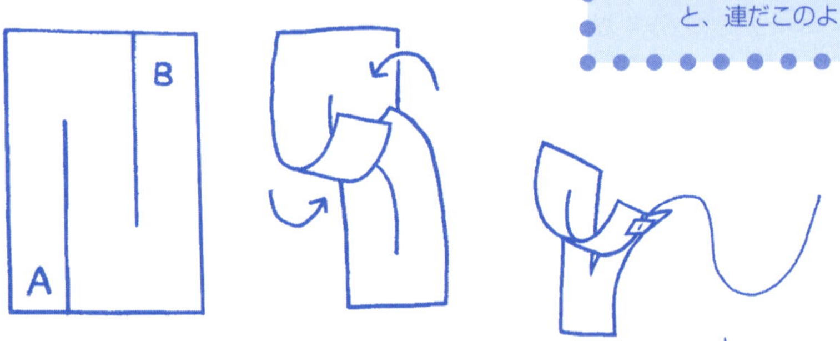

穴をあけて結んでもいいし、抜けないように結び玉をつくってテープでとめるだけでもよい。

2 0・1歳から

かんたん絵合わせ

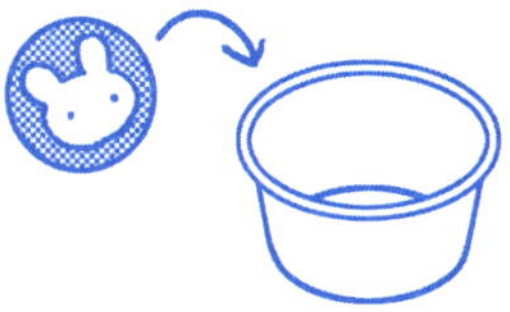

昔からあるあそび「貝合わせ」と「神経すいじゃく」を、年少児からあそべるようにミックスしました。

あそび方

用意するもの●プリンなどのカップ（同じ形がよい）…たくさん　画用紙

①同じ絵や写真を２枚ずつ用意して、カップの内側の底にボンドなどで貼ります。絵柄はお菓子や動物、自動車など子どもが好きなものがよいでしょう。
②容器をバラバラに伏せておきます。
③じゃんけんなどで順番を決め、２枚か４枚めくって同じものがあれば、自分のものにできて、もう２枚めくれます。
④交代でやって、多くとった人の勝ちとします。

アドバイス

●同じ絵柄でなく、“カップル”“問題と答え”などの絵合わせをつくっても楽しい。
例：王子様とお姫様、おたまじゃくしとカエルなど
●貝がらを集めておいてつくってあげてもいいですね。

3 0・1歳から

CDのコマ回し

なんてったって、かんたんにできて年少児から楽しめるのが魅力。
ゲームにも応用できるスグレモノです。

あそび方

用意するもの●古いCD　ビー玉

① CDに油性ペンで絵をかいたり、シールを貼って模様をつけます。
②ビー玉を穴にはめて、上からセロハンテープで固定します。
③ビー玉をつまんで回してみよう。きれいな模様になって、よく回ります。

アドバイス

●矢印をつければゲーム用のルーレットに。点取りゲームや占い、くじびきの他、係を決める時にも使えますよ。

穴の下に少しビー玉を出すので、机の上に置くよりも手に持った方が貼りやすい。

4 0・1歳から

サイコロじゃんけん

あそび方

じゃんけんは小さい子も対等にできるあそびです。指で表すことができなくても、サイコロを使って勝負してみましょう。

用意するもの●牛乳パック

①牛乳パックを 6,5cm の輪切りにしたものを 2 個組み合わせ、ふちをセロハンテープなどでとめます。
②グー・チョキ・パーの絵を 2 枚ずつ、6 面に貼ります。サイコロは人数分つくります。
③保育者と子どもが向かい合い、「サイコロじゃんけん、じゃんけん、ポン」でサイコロを投げて勝負します。じゃんけんの勝ち負けがわからない年少児には、あそびながら教えてあげましょう。

アドバイス

●勝ち抜き戦をやってみよう。
●じゃんけんの代わりに物まねしやすい動物などの絵を貼り、出た動物の鳴き声をまねたりジェスチャーをして、なりきりあそびをしてもいいですね。

同じ絵柄は真向かいに貼るとよい。

5 0・1歳から

風船はねつき

ふわふわ飛ぶ動きがかわいい、小さい子でも楽しめるはねつきです。
年齢や運動能力に合わせてアレンジもできます。

あそび方

用意するもの●薄いポリ袋

①ポリ袋をふくらませて口をしばり、油性ペンで好きな絵をかきます。
②子どもと向かい合い、ふわりと投げてあげます。子どもの手が当たってはねが上がったら、そっと返すようにはねをつきます。
③子どものペースに合わせて、ほめて、長く続けられるようにやってみましょう。
④子ども同士で、何回続けられるか数えてもいいですね。

アドバイス

●しばった口にコーヒーフレッシュの容器を貼って重くしてみよう。早く飛ぶので年中・年長児用になります。スチロールトレーを羽子板代わりに使えば、はねつきらしくあそべます。

は〜い
よっ
ポ〜〜ン
わ〜〜!!
袋の中に折り紙や絵を入れたり、毛糸のしっぽをつけても楽しい。

6 0・1歳から

まてまてこねこ

にげるねこを追いかけて１人でもあそべるおもちゃです。まるで生きているように、ねこが元気にはねますよ。

あそび方

用意するもの●粉ミルクなどの空き缶　画用紙

①缶に、ぐるりと１周紙を貼ります。
②画用紙にねこの絵をかいて切りとり、ねこの手を紙の端に貼ります。
③転がすと、ねこがはねるように走ります。

アドバイス

●何個もつくってみんなで走らせてみましょう。
●ねずみもつくって貼れば、ねことねずみの追いかけっこになるよ。

ゴロ
ゴロ

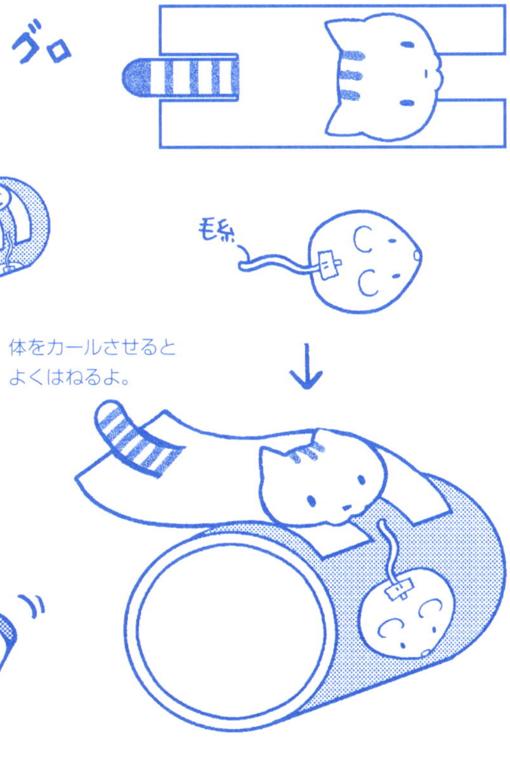
毛糸
体をカールさせるとよくはねるよ。

まて〜!!
ゴロ ゴロ

7 2・3歳から

ふわふわくんの射的

あそび方

ふわふわ浮かぶ「あやしい風船」を発見！
ロケットを飛ばしてやっつけよう。
迫力満点の射的です。

用意するもの●先の曲がるストロー　細いストロー　綿棒　傘ポリ袋

①ストローロケットをつくります。
★短く切った綿棒を細いストローにさしこみ、テープで固定する。
★曲がるストローの長い方にさしこんでセットする。
②的のふわふわくんをつくります。
★傘ポリ袋の先の方に空気を入れてしばる。
★袋をしごくようにしぼる。
③保育者がふわふわくんを持って立ち、子どもたちはねらいを定めてストローを吹きます。
④勢いよくロケットが飛び出します。当たるとクニャッと倒れて楽しいですよ。

アドバイス

●油性ペンで顔などをかいてもいいですね。
●ロケットを遠くや高くに飛ばして、追いかけてキャッチするあそびも楽しい。

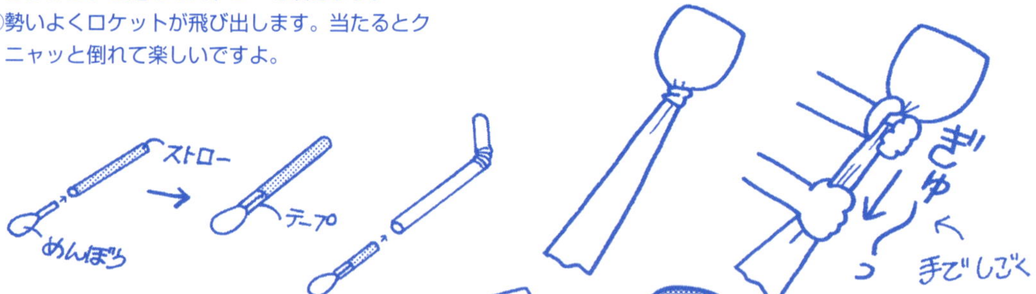

8　2・3歳から

吹き吹き競馬レース

フーフー吹いて、競馬レースをしましょう。
親子あそびでやったら大人が夢中になってしまうかも。

あそび方

用意するもの●古い名刺（ハガキや画用紙でもよい）

①名刺サイズの画用紙で、図のような馬を人数分つくります。
②床に置いて、後ろから吹くと馬が走ります。
③スタートとゴールを決めて競走しましょう。

アドバイス

●年少児なら親子でやってもいいでしょう。
●リレーや障害物競走にしても楽しくなります。
●自分の馬に名前をつけると愛着がわきそうですね。

①名刺に図面をかいて切りこみを入れる。

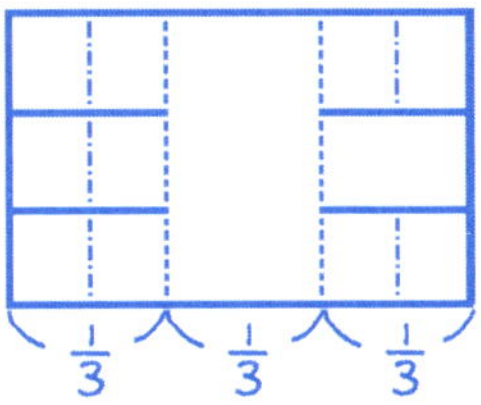

②折り線どおりに折り、馬の形にする。顔もかこう。

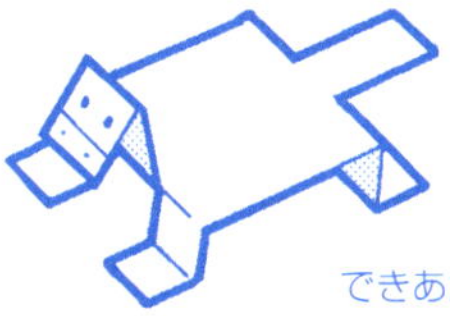

できあがり

つくってあそぶ

9 4・5歳から

かんたんブロックあそび

牛乳パックを生かしたブロックです。
想像力を広げながら、どんどんふえていく
ブロックで大きなおもちゃをつくろう。

あそび方

用意するもの●牛乳パック…たくさん

①牛乳パックの底を生かして、図のような三角形をたくさんつくっておきます。

②下の組み合わせを教えてからあそびましょう。
この２種類でいろいろなものができます。
三角形　３個を組み合わせる。
四角形　４個を組み合わせる。

アドバイス

●年少児には、前もって三角形と四角形をつくっておいてあげるといいでしょう。

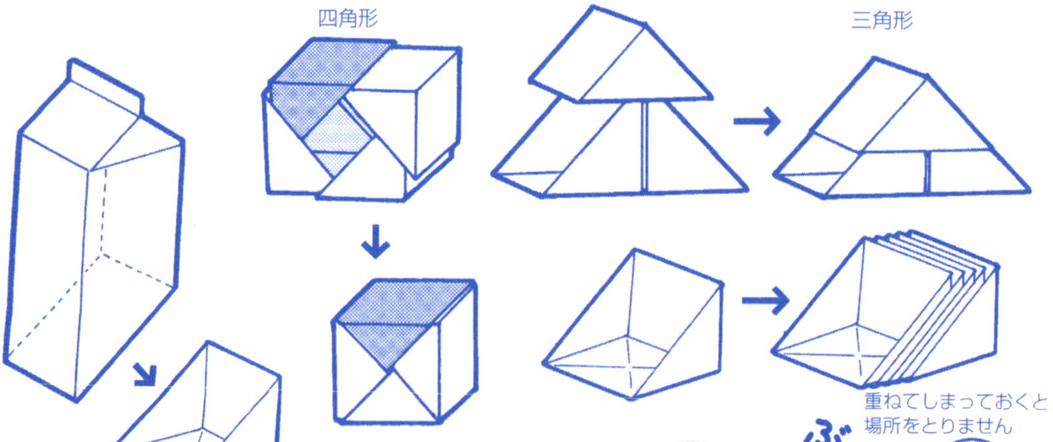
四角形
三角形
重ねてしまっておくと
場所をとりません

大きなビルをたてるぞ～！
屋根は三角にしようよ
ぶっぶ～
くるまがとおるよ～
いろんなものができるね！

ゲームであそぼう

あそびというと、多くの人が野球やサッカーのようにルールのあるものを想像しますが、ボクはどうもルールのあるあそびが苦手です。なかなか覚えられないからです。それにルールに縛られるのも好きではありません。子どもの頃、私たちがあそぶ時はケースバイケースで変えていました。そうすることで、その時のメンバーがいちばん楽しめるあそび方ができると思ったからです。

ここに紹介するゲームは、どれも簡単なルールしか書いてありません。まず簡単なルールであそんでみてください。そうすれば、何に興味を示すのか、どこまで内容を理解できるのかといった“子ども力”がわかるでしょう。あとは子どもたちに合わせたルールを付け足して（あるいは省いて）いけばいいのです。あそんでいくうちにどんどんルールが変わっていくのもいいですね。

いちばんよいルールを考えられるのは、一緒にあそぶ子どもたちのことをいちばんよく知っている保育者や保護者です。保育者の皆さんには、ルールを覚えるよりも、仕組みを覚えてルールを“つくる”ことを考えてほしいと思います。

0・1歳

幼児は、投げるだけ、落とすだけでいいようなルールから始めましょう。その上で、あそびを発展させたり応用形を考えて、たくさんあそんでください。

2・3歳

ゲームは、できるからうれしいもの。そのため、できるゲームをすることが大事です。誰かと力を合わせてでも、1人でも、必ずできるように指導しましょう。繰り返しあそぶことでおもしろさも伝わるでしょう。

4・5歳

年長児になると、難しいあそび・ゲームに挑戦したくなるはず。それでも、できるように下準備をしたり、コツを指導して、繰り返しあそびましょう。

1 0・1歳から

ペッタンお天気占い

的当てダーツゲームの感覚でお天気占いをしましょう。
誰の占いが当たるかな？

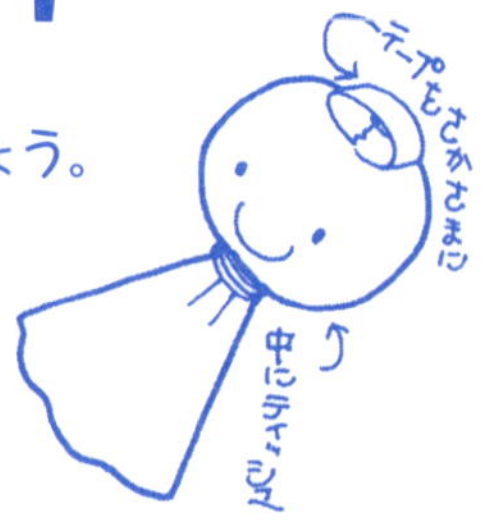

あそび方

用意するもの●大きめのカレンダー　傘ポリ袋　ティッシュ

①カレンダーの裏面を４等分して、晴れ・雨・曇りなど（季節によって雪や雷も）の絵を描きます。
②傘ポリ袋にティッシュをつめて首をしばり、ほどよい長さで切って、てるてるぼうずをつくります。セロハンテープの粘着面を外側にして丸め、頭に貼ります。油性ペンで顔を描きます。
③てるてるぼうずを投げてお天気を占います。
④わくから外れたらやり直しです。交代でやりましょう。

アドバイス

●投げる位置は年齢に合わせて。イスの上に乗ってもいいでしょう。
●４等分でなく、大きさを変えて点数などを書きこみ、点取りゲームにしてもおもしろい。

2 0・1歳から

ペッタン魚つり

室内でかんたんにできる魚つりです。つり針を工夫して、年長児も一緒にあそびましょう。

あそび方

用意するもの●傘ポリ袋やポリ袋　わりばし　タコ糸

①ポリ袋に空気を入れて口をしばり、目や口をかいて魚をたくさんつくります。

②釣りざおをつくります。

●つくり方……わりばしの先に 30cm くらいのタコ糸を結ぶ（セロハンテープでとめてもよい）。4 ～ 5cm のセロハンテープを逆巻きにして、タコ糸の先につける。

※小さい子の場合は、わりばしの先にじかに逆巻きのテープをつけてもよい。

③魚を床や水のないプールに置きます。

④つりざおを持ってテープ部分を魚にくっつけると、ペッタンとつれます。

アドバイス

●子どもがなめても安全なように、顔をかいたらポリ袋は裏返しておくとよい。

●（応用）魚の口のあたりにテープで輪ゴムを固定して、水の入ったプールに浮かべます。つり糸の先にゼムクリップを結び、先をのばしてつり針にします。つり針で輪ゴムをひっかけるようにすれば、年長児も楽しめます。

3 0・1歳から

カミナリ、ドッカーン！

雷が鳴ったら、おへそをしまっておなかを冷やさない。
雷とおへその話をしてからあそんでみましょう。
雷が鳴りだす頃にやればムード満点。

あそび方

①「カミナリが来たぞ。ゴロゴロ〜」と言いながら、保育者が子どもたちの間を歩き回ります。
②「ドカーン」で、保育者が子どものおなかをタッチしておへそを取ります。子どもたちは、おへそを取られないようにおなかをかくしてしゃがみます。
③失敗したカミナリは、子どもの頭を抱いて「へそじゃなかったか〜」と悔しがり、「どこかにへそはないか」と探します。
④子どもたちは、「へそはここにあるよ」とおにを呼んだりします。
⑤おへそをとられた子もカミナリになって続けます。
⑥全員がおへそをとられたらおしまい。カミナリを交代して最初からやりましょう。

アドバイス

●子どもたちが、つかまえてほしくなっておなかを突きだすような楽しいムードをつくりましょう。

4 0・1歳から

玉入れキャッチ

保育者がキャッチしてあげる玉入れです。
これなら小さい子もゴールするおもしろさを味わえますね。

あそび方

用意するもの●大きめのボール

①保育者が手のひらでカゴ（輪）をつくり、「ここがゴールよ」と教えてボールを投げてもらいます。
②保育者は手を伸ばしたり動いたりして、子どもの投げたボールをキャッチしてあげます。
③ゴールできたら交代で投げさせてあげましょう。

アドバイス

●年長児なら、キャッチする役を子どもにやってもらいましょう。イスの上に立ってもいいでしょう。
●チーム対抗でやっても楽しくあそべます。

5 2・3歳から

草花ビンゴ

花を探してお庭でビンゴあそび。
自然あそびをしながら、生きものの名前や色・形などをおぼえられますね。

あそび方

用意するもの●画用紙

①３マス×３マスのビンゴ用紙をつくります。
②保育者が、庭にある草花をあらかじめビンゴ用紙に入れておきます。絵や写真、読めれば文字で名前をかいてもOKです。
③子どもとビンゴカードを持って庭に出ます。
④花を見つけたらチェックをつけていきます。子どもが保育者に聞いて、正解なら「そうだよ」と教えてあげましょう。
⑤通常のビンゴのようにタテ・ヨコ・ナナメではなく、全部チェックをつけたら「ビンゴ」とします。
⑥保育者がまた新しいビンゴカードをつくって、最初からやってみよう。

アドバイス

- 年齢に応じて見つけやすい場所・種類を考えてください。
- 虫などでつくってもいいですね。
- 年長児なら５マス×５マスで、ビンゴゲームのルールで競争してみよう。

6 2・3歳から

新聞のジグソーパズル

身近な材料でかんたんジグソーパズル。
年齢に応じて切り方や枚数を変えれば、年少〜年長まで楽しめますよ。

あそび方

用意するもの●新聞紙

① 1枚の新聞紙をいくつかに切ります（何枚か重ねて同じ形に切るとよい）。これを人数分つくり、1人に一組渡します。
②保育者の合図で、バラバラになった新聞紙を元の形にします。早く完成した人の勝ちです。

アドバイス

●子どもたちが切ったものを交換してやってみてもおもしろい。

7 4・5歳から

なかよしボールリレー

2人でボールを運びながら、リレーをしよう。
息を合わせないとボールが落ちちゃうよ。

あそび方

用意するもの●大きめのボール

①２人一組で肩を組みます。
②残った手でボールをはさみ、４～５ｍ離れたところに置いたイスなどを回ってきます。ボールは上下ではなく左右にはさむことにします。
③途中で落としたらスタートからやり直しです。
④もどったら次の組にボールを渡します。最後の組がもどったら終わりです。

アドバイス

●チームをつくって、リレーの競争をしてみよう。

8 4・5歳から

首飾りリレー

手が使えないからチームワークが大事です。
子どもの様子がユーモラスでかわいいですよ。

あそび方

用意するもの●ストロー　ひも

①ストローを 1cm くらいの輪切りにします。ひもを通して長めの首飾りをつくります（子ども 2 人分の頭が通るくらい）。
②子どもたちが順番に並び、先頭の人が首にかけます。
③手を使わずに、首から首に首飾りを渡していきます。
④最後の人まで送れたら終わりです。

アドバイス

●チームをいくつかつくり、首輪をバトン代わりに競争しよう。

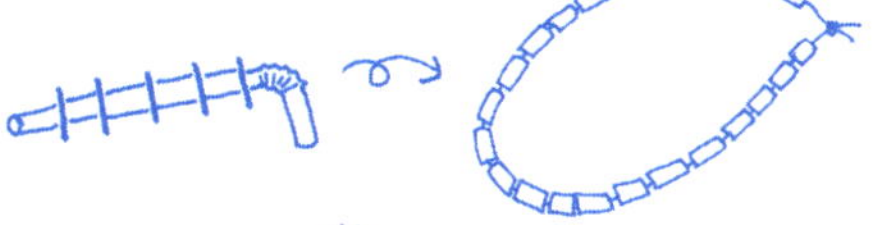

9 4・5歳から

じゃんけん居合い斬り！

1対1でいざ勝負！　真剣なのに、あわてて勝ちと負けをまちがえてしまう姿が笑いを誘います。

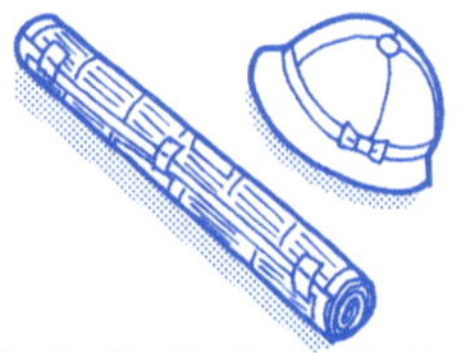

あそび方

用意するもの●新聞紙　ヘルメットか園ぼうし

①新聞紙を筒状に丸め、セロハンテープで固定して刀をつくります。痛くないようにゆるめに巻きましょう。
②２人が向かいあって座り、その間に刀とヘルメットを置きます。
③じゃんけんをして、勝った子は刀をとって向かいの子の頭をたたきます。
④負けた子は、すばやくヘルメットをとって頭にかぶり、切られないようにします。
⑤切られる前にかぶればセーフとなり、またゲームを続けます。
⑥切られたらアウトで負けとなります。

アドバイス

●勝ち抜き戦でやってみよう。
●刀とヘルメットを２セット用意してあそぶのもおもしろい。その場合は、刀を右、ヘルメットを左に置いてやってみよう。

涼しさ満点！水であそぼう

水は、見えるようで見えなく、つかめそうでつかめない、不思議なものですね。また、無味無臭ですが、これほどうまいものもありません。他にも、物を浮かせる力を持っていたり、乾いたところを濡らしたり、草花を育てる力も持っています。

この不思議な水をあそびの道具として活用しながら、水と友だちになってほしいのです。

近ごろは便利になったせいか、あるいは汚れることを避けるようになったのか、雨に濡れることも、どろんこになることもめったにありません。大人が意識してそのような機会をつくらなければならなくなりました。そんな中、保育者の役割がいっそう大切になってきていると思います。

この章は、触れて・さわって・感じる、持って生まれた力を引き出すようなあそびで構成してみました。水とたくさんあそんで、どうか子どもの“五感”を研ぎ澄ましてあげてください。

0・1歳

まずは水となかよくなるあそびから始めましょう。水は不思議なもの、おもしろいもの。水に触れるあそびを通してそんなことを感じてもらいたいですね。

2・3歳

プールあそびは水を怖がらなくなることが大事です。あそんでいるうちに水への抵抗感がなくなるような内容がいいでしょう。自分から進んでやりたくなるように上手に指導してあげましょう。

4・5歳

ハラハラドキドキしながら夢中になっていると、水に対する怖さもなくなります。ゲーム性のあるいろんなあそびで水と友だちになってくださいね。

1 0・1歳から

見えないお魚とり

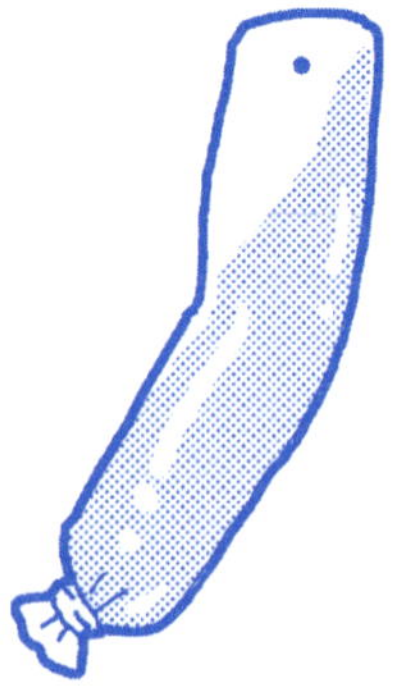

見えない魚のヒミツは何でしょう。
あそび始めたら子どもたちはもう夢中！

あそび方

用意するもの●傘ポリ袋

①傘ポリ袋に水を入れ、口をしばってお魚をたくさんつくります。
②水を入れたプールに魚を入れておきます（透明なので水に入れると魚は見えなくなる）。
③「見えない魚とり、始め」の合図でプールに入り、魚とり競争開始です。「何かいるぞ」と大騒ぎになるでしょう。
④つかまえた魚は別の場所まで運びます。
⑤落として破れたら、また新しい魚をつくってプールに入れてあげましょう。

アドバイス

●⑤で破裂するのも楽しいと発見したら、割るあそびに発展させてみましょう。例：見えない魚リレーなど
●油性ペンで目をかくと、水の中で目だけが見える不思議なお魚になります。
●袋の中に色紙などを入れてもよい。

2 0・1歳から

ビニール袋の水くみリレー

ペットボトルいっぱいになるように
水くみのリレーをしましょう。

ねりえのぐ

あそび方

用意するもの●ペットボトル（500ml）…3本　絵の具
プリンカップ　じょうご

①３本のペットボトルにそれぞれちがう色の絵の具を入れて、台の上に置きます。
②台とスタートラインの途中に、水をためたプールをセットします。
③合図で、最初の子がプリンカップを持ってスタート。プールの水を汲んで好きなペットボトルに注ぎ、もどって次の走者にカップを渡します。
④どんな色の水がたまっていくかを楽しみましょう。

アドバイス

●ペットボトルの口が小さいので、年少児ではなかなか水がたまりません。それはそれで楽しいのですが、必要ならじょうごをさしてあげましょう。
●年中・年長児がチーム対抗であそぶなら、チームごとに絵の具を色分けしたり、水の量で競争してもいいでしょう。

あ!
赤いお水になったよ!
もっとくんでくる!!
こっちは青だよ~!
あーっ
きゃーっ

3 0・1歳から

水でお絵かき

園庭に出て、水で地面に大きな絵をかきましょう。すぐ乾いてしまうので、急ぐことも大切です。

あそび方

用意するもの●ビニール袋

①ビニール袋に水を入れ、口を持って準備します。
②保育者が鉛筆を袋に突き刺して穴をあけます。飛び出す水で地面に絵をかきましょう。
③水が足りなくなったら、また汲みにいきます。
④完成したら、本人に絵の解説をしてもらって、みんなで鑑賞会です。乾いて消えてしまわないうちに、屋上など高いところから写真を撮っておきましょう。

アドバイス

●チーム対抗でやっても楽しい。その場合は絵のテーマを出してもいいですね。
●絵がかけない小さい子なら、まっすぐ線をかいて長さを競争してもいいでしょう。

4 0・1歳から

どっくんどっくん水あそび

どっくんどっくん、水の流れを体で感じましょう。

あそび方

用意するもの●ミネラルウォーターなどのやわらかいペットボトル
（350ml か 500ml）…2 本

① 1 本のペットボトルに 9 分目ほど水を入れます。もう 1 本のボトルを逆さに乗せ、水が漏れないように飲み口をビニールテープで固定します。

②ボトルをひっくりかえすと、水がどっくんどっくんと下に流れ落ち、水が生きているような不思議な気分を味わうことができます。

③水が落ちたら逆さにしましょう。

アドバイス

●色水にしたり、アルミはくなどを小さく切って入れてもきれいです。ペットボトルに絵をかくのもいいでしょう。かわいらしい工夫をしてみてください。

5 0・1歳から

シャワーであそぼう

水となかよくあそびましょう。

あそび方

用意するもの●レジ袋　牛乳パック　タコ糸

●その 1…スーパーのレジ袋などに水を入れ、小さな穴をたくさんあけます。子どもたちの上にかざせば、インスタントシャワーのできあがり。

●その 2…牛乳パックに糸を結んで吊るせるようにします。パックの４面に千枚どおしで穴をあけます（同じ位置・同じ方向）。水を入れると、回転しながら水が出るシャワーになります。

アドバイス

●丈夫な傘ポリ袋をホースの先にかぶせて水を出す方法も。下に置けば噴水、上にかざせばシャワーになりますね。

6 0・1歳から

新聞紙のくじあそび

花びらのように開くきれいなくじです。
係や順番を決める時に使うと便利ですよ。

あそび方

用意するもの●新聞紙　皿

①図のように、新聞紙で細長いものと十字のものをつくります。
②細長い方に“あたり”“はずれ”をかいて半分に折ります。
③それを十字の中央に置いて順番に折りたたみます。
④水を少し入れた皿の上に置くと、花のように十字の紙が開きます。
⑤そして、中の紙がゆっくりと開き、あたり・はずれが分かります。

アドバイス

●８枚の花びらのように切って折りたたんでみよう。本当に花が開くようできれいですよ。

８枚の花びらのつくり方

7 0・1歳から 射的ボックス

プレゼントがうれしい射的あそび。
何がもらえるかわからないから、期待感もいっぱいです。

あそび方

用意するもの●ダンボール箱　トイレットペーパー　おもちゃやプレゼント

①ダンボール箱で、トイレットペーパーをひも代わりにしておもちゃ（プレゼント）を吊り下げるマシーンをつくります。おもちゃは見えずトイレットペーパーの部分だけが見えるように。
②指を水にぬらして、ペーパーを指で押して穴をあけます。ゲームにするなら順番に交代で。
③落ちたらおもちゃ（プレゼント）がもらえます。得点にしてもいいでしょう。

ストローロケットを当てるのも楽しいよ！

アドバイス

●マシーンをつくるのが面倒なら、壁に吊り下げるだけでもよい。その時は、プレゼントの中身がわからないように袋などに入れておきましょう。
●年長児なら、ストローロケット（p70 参照）を当てるのも楽しい。綿棒の先を水でぬらして、射的のように離れたところから吹きましょう。
●読み聞かせの本選びや、係・当番を決めるのに使うのも Good!

えい！
ちょん
ぬらそう
たくさん
ゴロ
ゴロ
落ちたおもちゃを
ここから取り出す

8 2・3歳から

ふうふうボートレース

小さな船をプールに浮かべて、吹きながら
競争してあそびましょう。

あそび方

用意するもの●スチロールトレー

①スチロールトレーに油性ペンで船の絵をかいて切り抜きます。
②プールに浮かべたら、体を低くして、ふうふう吹いて船を走らせましょう。
③上手になったら、競争したりリレーをしてもいいですね。

アドバイス

●帆をつけてヨットにしたり、ペットボトルのふたや飾りを貼ってみても楽しい。

9 2・3歳から

葉っぱのそうめん流し

流しそうめんは大人も子どももわくわくします。
楽しいものはあそびにも応用しちゃいましょう！

あそび方

用意するもの●牛乳パック　落ち葉　バケツ

①牛乳パックのふた部分と底を切り取って縦半分に切り、長くつないで水路をつくります。
②軽く傾斜をつけてセットします。年齢によって傾斜をゆるくしましょう。
③子どもたちは、葉っぱを持って水路の両側に並びます。
④水路の上から水を流し、もう１人の保育者が水に乗せるように落ち葉を流します。
⑤子どもたちは、葉っぱをつまみとって、各自のバケツに集めます。
⑥いちばん多く拾った人の勝ちとします。

アドバイス

●葉っぱ以外にもスズランテープの切れ端を代用するなど工夫してあそびましょう。
●水路の下に容器を置いて水をためておけば、何度でも使えます。

10 4・5歳から

水中水入れ競争

水中玉入れ（水入れ）です。バケツを持つ先生は大変ですが、子どもの水慣れあそびになると思えばへっちゃらですね！

あそび方

用意するもの●バケツ　ペットボトル

①最初は保育者が玉入れカゴ（バケツ）を頭に乗せます。子どもの年齢に合わせてしゃがむか座るか選びましょう。

②チーム対抗戦にします。最初のチームが保育者を囲んでプールの中に立ちます。

③ヨーイドンの合図で、子どもたちは手で水をすくってバケツに水を入れます。（ほとんど顔に水をかけるだけかもしれませんが）

④「やめー」の合図で終了。プールから出て、目盛りをつけたペットボトルでバケツにたまった水を測ります。

⑤交代でやって、いちばん多く水を入れたチームの勝ちとします。

アドバイス

- ●ペットボトルにあらかじめチームカラーの絵の具を入れておいてもよい。
- ●広いプールならいっせいにやると爽快で楽しい。
- ●慣れてきたら、子どもがバケツを持つ役をやりましょう。

11 4・5歳から

はらはらドキドキ爆弾キャッチ

ぷにょぷにょやわらかいボールが、
実はとってもこわ〜いバクダンなのだ。
気をつけてそっと運ぼうね。

あそび方

用意するもの●薄いビニール袋

①ビニール袋に水を入れて口をしばり、ぷにょぷにょボールをつくります。
②みんなで輪になって、ボールを隣の子に渡していきます。
③落として割れたら、新しいボールをつくってまた続けます。人数が多い時はボールの数を増やしてもよい。
④最後まで行ったら、今度は大きな袋でつくったボールに代えてあそぼう。

アドバイス

●距離をあけて、そっと投げてパスするようにすれば、ドキドキ感もアップします。受け取る人は、衝撃が少ないように腕を引きながらキャッチするのがコツです。

つかまった!
ぎゅーっ

【著者紹介】

木村 研（きむら　けん）

1949年　鳥取県生まれ
児童文学作家　日本児童文学者協会会員　こどもの本WAVE会員
著書
『一人でもやるぞ！と旅に出た』『おねしょがなおるおまじない！』『おしっこでるでる大さくせん！』（以上、草炎社）『999ひきのきょうだい』『999ひきのきょうだいのおひっこし』（以上、ひさかたチャイルド）『わすれんぼうのぽう』（草土文化）『子育てをたのしむ手づくり絵本』『遊ばせ上手は子育て上手』（以上、ひとなる書房）「ゆびあそびシリーズ」（星の環会）『手づくりおもちゃを100倍楽しむ本』『準備いらずの遊び・ゲーム大集合BOOK』『まるごとバスレク　100倍楽しむ本』『年齢別0～5歳　5分でできる手づくりおもちゃ』（以上、いかだ社）など

イラスト●桜木恵美
ブックデザイン●渡辺美知子デザイン室

子どもを抱きしめたくなる
ほんわか ふれあいあそび

2010年3月12日　第1刷発行

著者●木村 研©
発行人●新沼光太郎
発行所●株式会社いかだ社
〒102-0072　東京都千代田区飯田橋2-4-10 加島ビル
Tel.03-3234-5365　Fax.03-3234-5308
振替・00130-2-572993
印刷・製本　株式会社ミツワ

乱丁・落丁の場合はお取り換えいたします。
ISBN978-4-87051-283-2